Felice Siana
Poeamorie

Bibliografische Information der Deutschen
Nationalbibliothek:
Die Deutsche Nationalbibliothek verzeichnet diese
Publikation in der Deutschen
Nationalbibliografie; detaillierte bibliografische
Daten sind im Internet über http://dnb.dnb.de
abrufbar.

Personenfoto Cover: Peru John

Herstellung und Verlag: BoD – Books on Demand,
Norderstedt

ISBN: 978-3-7528-0275-7

Kopfkino

Dein Zwinkernacken schaut mich flirtend
den Kinosaal durchwandernd an.
In Absicht dich zu treffen, blick ich
geradeaus, so gehbeflügelt.

Palpabel scheint dein Hintern, wie du
dich nun erhebst. So knackig-prall
schwebt er vor mir, will dich bespielen.
Oh, schon hat er den Platz gefunden.

Sein Schatten, off'ne Projektion,
Blockbusterpotential hat er.
Entbehre Popcorn wie auch Cola
für einen deiner süßen Küsse.

Ich möcht dich necken bis dein Stöhnen
die Handlung ins Vergessen rückt.
Nun rutschst du tiefer in den Sitz,
das Licht geht aus, der Film beginnt.

AUF DER SUCHE

Ich biete mich maximal zweimal,
denn Onenightstands mag ich nicht. Spontan
bin ich schön schlanker Lust Bereitschaft,
hab Kirschkernbrüste, carpet like red,
beringte Lippen, will man: küssen.
In Kompliziertenhaft gefangen
bin ich zu alt um nicht zu wissen,
was nichtorgasmisch Leben wert ist.
Ich bin mein eig'nes Ich. Gehör nicht.
Kind deines Geistes: Oscarreife.

Verlier mich

Es brechen Aufstiegsmelodien
sein flehendes Versprechen ein.
Den Fluss stoppt. Fiepend off'nes Forschen.
Stakkato stiehlt verstandsgefedert.

Sein Kuss vergeht, eh er sich legt,
kaum rührt der Dieb das Fleische an,
fragt er von Neuem, was ich will:
Nicht diskutieren, biet mir was an.

FLIRT MIT DEM SQUIRT

Angesaugt noch nicht zu Gänze,
prallgeschwollen lieg ich rhythmisch
gebend, senkend, ziehend, spannend,
was da kommen möge, hindernd.

Tauch ich meine Nagelkuppe,
streck die Frontwand ihr entgegen,
lockend, puhlend, wühlend, forschend,
meinem Zwang doch nachzugeben.

Knautsch des Schwammes Falten tiefer
reibend an dem Beckenknochen,
spür ich suppend Quellen sprudeln,
kräftegrinsend saalwärts rinnen.

AUSGEMALT

Befriedigt liegt sie neben mir:
Verzückung, Perlenbeben
vergeht im zeternd Tangoschritt
verspielter Finger Wirken.

Mein Salzsee ruht in ihrem Tal,
ich mal ihm Krakenfüße,
gespannt um ihren roten Knauf
seh ich sie fester greifen.

Mit meinem Finger crem ich ihr
geschwoll'ne Lippen weißer,
sie tastet sutje bittren Ton
von meiner süßen Liebe.

FREMDE HAUT

Im Bloßen treffen Hügel Täler,
gestalten fremde Haut erstmals.
Der Scheu im Blick weicht wild Verlangen
des Tasten zart Instrument Klangs.

Da wandern ihre treuen Blicke,
vertrauend lächle ich zurück.
Sie spannt die Schenkel, ahn schon Flecken,
Ohrmohnen blühn auf ihrem Hals.

Ein Meer von Blumen Röte Rauschen
im Durcheinander des Details.
Fühl beider Glück, bin ihr verbunden,
vier Menschen priapeisch Tausch.

AUFGEKLEBTE KÜSSE

Tauschen Küsse wie einst Sticker
wir fürs Album uns nun aus,
kleben Bögen aneinander,
bis uns nur noch Einer fehlt,
reißen wir auf – Päckchen fürs
Zweckchen. Scheiden Berge aus:
silberbunt, Papierdubletten
marktgeprüft. Punkt! Doch da! Endlich
halten wir ihn auf den Lippen:
einen Kuss aus flüssiger Liebe.

BLAUE STUNDE ALIAS WATSCHELPROPANKOMPOTT

Mittig Capri, rechtsher Cobalt
wirbeln Mengen Emotionen,
Pastellquell schwappt linkisch über.

Geistlos Zeit, bin ich ganz bei mir.
Punktlos Fallen meines Körpers
Wunderblume Knospe gipfelt

immer schneller atmen unter
halten, spannen, lautlos Flehen,
wenn ich mich in dir auflöse.

EKSTASE

Nun abundant verbunden reist
das Paar in sich vereint,
ermöglicht es die Grenzen bar,
wenn tintenschwarz das Blatt
von den erlebten Träumen ruht.
In suszeptibler Tat
der allgewaltig Herzensdruck
gepunktet trifft betollt.
Verheißt mit Stöhnen und mit Schrei,
die Haut so sämig feucht
geliebt, befreit den Schrankenkuss
umschlungen spielend fort.

ODER DIE INSEL

Kunstreich Kelch hält mich
nur so, wie mir der Martini die Kehle hinab rinnt,
lang, fließt tiefer als zum Gruben-Krater =
hindernisfrei in eruptiven Tränen,
    die stoßnarrative Blicke gewinnen.

Ich habe nicht geweint ±
bin in Blöße ausgepresst, bin impressed,
im kreisenden Kurs deiner kundigen Hand
drehst du deine Runden,
ziehst meinen Empfang auf
Gedankenlose:
Präsenz kalibriert
    + ~ =

Du saugst mir das Rot von den Lippen - ¬ +
um mit ihm Wolkenbilder auf meinen Hals zu malen.
    Werksgleich werden sie bestehen.

Wortloses Wispern + ¬ -
endlich Erleichterung:
kein kalorienfreies Klavier gewollt!
Atme Stratusstand ewiger Klarheit
bis morgen in madenscheiniger Schöne erklingt:
    96.6 Radio Cumulus.

Gedankenschmetterlinge

Gedankenschmetterlinge schwebt
gewissenhaft berührt,
legt sich dein schmerzbeseeltes Händchen,
Experimente führt.

Im Wesentlichen selektiert
sind Netze dicht geleert,
geflügelt Denken irrt vertiert
durch Löcher sich nicht mehrt.

Erwartungen lebt es sich leicht
im geistlich Streben fort.
Du sehnst Ekstase lebensgleich
von meiner Lippen Wort.

Im Schmerz erst wird es mir Gefühl,
wenn endlich nichts mehr kopft.
Ich schreie grell, du willst zu viel,
der Nektar erdwärts tropft.

Im Elfenbeine hat es Ruh,
da sitzt das Tier und schweigt.
Voll Pflanzenhonig schaut es zu,
bis es die Flügel spreizt.

TIEFER GRÜNDEN

Ich ruhe bei dir maskenlos,
berührt-berichtigt bebt
in mir des Himmels farbig Rausch
von wolkeneig'nem Stoff.

Enthauptet Kopfes Pausenclown
durchdacht, ist Sendeschluss.
Mein Wesensumzug ist komplett,
er harrt auf Moses Grund.

Dort pflügt es mir die Wärme um,
die Sonne ziert das Tal,
fragiles Sein zenitenhaft
im Spasmus meines Balls.

HEISSGELIEBTE ZEBRASTELLEN

Keine Woche wie die andre
für sich mehrend weiße Haare,
die im Dunkel deines Kopfes
ein Zuhause finden werden.
Sprießen weit're weiße Borsten
im Gekringel auf der Brust lässt
mich dich sehnen, deiner Schönheit
tief'rer Zustand zündet in mir
stete Feuer zu begehren.

Dafira fühlt

Fern Dafira fühlt verrückte
Augenblicke für ein Leben.
In Gesellschaftsfrömme lichtet
ihr Tabuzerriss verdeckter
Körper in den Spürensküren.
Unverfehlte Klarheit dämmert.
Schmeichelt ihrem Liebesmantel
Luftzug flirtend Haaresbrise.
Körperdrängend Ausdrucksstärke
unter ihrer Friedensseele,
schwärzt die Gleichgehnichtzerstörung
ihre beiden Leben ████.

FUßVERWÖHNUNG

Ohnmachtslangsam Schlangenzonen
schufen gütlichen Genuss.
Zahm steh'n früh bewundert Füße,
übt sich gründlich in Geduld.

Glühen spannwärts Seefahrtsstraßen
tagstrüb des gewund'nen Winds,
mündet nachts genügend Ruhe,
süffig fließt der Würze Schwall.

Im Gespür der räud'gen Höhle,
senkend auf das kostbar Gut,
heißend aus den Zehenspitzen,
wird gesaugt die schleichend Sucht.

MUNDFICK

So streicht Rebellensträhnen samt
von meiner Stirn, wiegt sich in mich.
Es legt gezielt die packend Hand
als Liebesskelett sich ins Haar.

Taxierend trifft sein Auge bloß –
kann mich nicht rühr'n – glänzt lustvoll feucht,
kommt tiefer, schenkt sich Stoß um Stoß,
vertrauensvoll gibt er sich hin.

Ich knie devot, umschließ den Schaft,
in achtsam Pausen rhythmisch drängt
sein Stöhnen. Wunsch. Begehr. Den Saft
behaftet Wohlgefühl für mich.

NACHOSPRÜCHE

Krümel auf der Brust verkünden
negligante Nachoneige.
Kuschelmonster an Melonen
bilden meinen Singletisch.

Dein Hexagon wartet doppelt
meiner Krümmung in Dipreiche
der Gier, wälzt in sich wahllos benannt
hausgeback'ne Bagatellen.

Leg das Los auf dich herein,
küsst mein letztes Dreieck deinen
Nippel nun entsagungsvoll
im All. Gogo Rhythmus go! Go!

GEMÜSELIEBE

Früher gab's meist Toast mit Kaffee,
milchfrei zum gemeinen Wohl,
heut ist unsre Pflanzenküche
wie aus Zauberhand belebt.

Fingerspuren in der Schale
einer hohlen Aubergine,
halb zerlegte Wirsingblätter
hat dein Tau erst frisch beperlt.

Hefeschluchzend, freitagsfröhlich
nipp ich noch am letzten Schluck
und du putzt das Wichsgemüse,
Feindschmecker, zum Abendbrot.

SPERMAAUSVERKAUF

Ohne mich zu einer Zahlung
zu verpflichten, bietest du an,
mir dein fittes Sperma im Wert
von dreihundertfünfzig Euro
zu verfügen.

Blasen, wichsen, ficken muss nicht,
darf nur. Lächelnd mir den vollen
Präser reichend, bist du wunschlos.
Doch in einem Jahr die Gier wird
fordern ein das Kind.

SPIEL DER RAUBKATZEN

Sei heute meine Tigerlady,
dein Arsch so prall, ich streich ihn an.
Ich schenk dem Rücken auch sein Muster,
steh still, ich leg dir Riemen an.

Sie kosen deine Adelslust,
wie glühend flüstert dein Begehren.
Schon beißt du mich in Hals und Brust,
bin gleich darauf dein Löwenbaby.

IM KONKUBINAT

Affären kochen mir zu heiß,
steck Kökkelskörner für dich auf,
die Rute zuckt, ein Zopfzug reicht,
komm, Kleingeliebte, brich dich aus.

Mit flachem Bauch schnurrst du basal –
bekömmlich ist mein Knotenherz –
trotz Tatzens klaftertiefem Kratz
bin ich gewachsen, lang nach mehr.

Mein Herz streut Narben konturlos
Sand, bangst du der Gefühle Hang,
gewinnt mein Konkubinat gold,
so ernt ich meiner Konten Saat.

DOMINANZ

Befiehl mir, bettle, nenn mir Wünsche,
baust du aus Phrasen Katakomben.
Jäh prellt dein Wort Begehrenswand
fern meiner Absicht Kompliment.

Kadaverzwang gehorsam paktiert,
ins totenstarr' Korsett gepresst
nehm ich dich endlich
in Schweigen koram:
die Hand in Klettenhaft am Trotz
ziert Tricker Nein-Klang Echo-Hall.

AUF DER SPUR

Mein Leib ist dir aufgeklebt,
händeringend Hände stiften
schmerzhaft Druck zum Sehnsuchtsfugen,
kein Entrinnen: Nagelsgrab.

Nah und näher, liegst du bei mir,
drängt der stolze Schwanz zum Mund,
tief versunken, stöhnend Kreisfahrt,
teil ich Striemen banngelöst.

MEIN SKLAVE

Setz würdig' Kuss auf meinen Schuh,
ich rat, du bist der Mahd befreit.
Mit meiner Malaxt zeichne ich
dir dein Vergehen auf die Haut.
Du winselst unter meiner Hand,
dein Keuschen will dir nicht vergeh'n,
der Zuviellie mein Katzenkind
wird nicht gefrönt. Marendenzeit.
Komm, schleck dir Fetzen vom Klistier,
ich tau dir Sperma dazu auf.

DIE NEUE ZEIT

Prothesenlaster staunen im Staumodus:
drei Tage werden sie hinfort verstellt,
bis sich die neue Zeit in ihnen parkiert.
Glied für Glied puppen sie sich genderfrei
aus ihren unmarkierten Partypompoms.
Da sie geformt, versprochen da, mit ihnen
mein Cyborgmieze: silber, schwarzes Haar,
auch auf der Brust, einsachtzig, schwanzlos, schlank.
Ich kaufe Zusatz-Apps: das Taschenbuch
der Weltliteratur, Empathie und
das große neue Weltbild für Einsteiger.
Dann kuscheln wir uns an das Cyborgmiez,
du rechts, ich links, es saugt uns Lust aus Lenden
und liest Kapitel fünfzehn der Ulysses.

WOCHENENDEINKAUF

Am Freitag traf ich meinen Frubbel
beim Frühstückskauf im Frischemarkt.
Er kaufte deinen Lieblingshummus,
ich schaute, freute mich, wie schön,
es geht dir gut, ich ließ dich grüßen.
Die Freiheit schafft sich keine Heere.
Solang ich aufrecht laufe, hör ich
nicht auf, Gesellschaftszwänge klug zu
umschreiten. Was das angeht, bin ich
Beziehungswaise, anarchie-
geprägter Idealpartner, denn schon
am Sonntag schlendern wir Hand in Hand,
dich in der Mitte, über den ‚Platz
der Amourriesengroßen Polypen‘.

KUSSVERRÜCKT

Wir zwei drücken uns're Rücken
auf den Schlaf der Gänseblümchen,
Wodka-Mate tankend um den
Polyamiden zuzuschauen.

Mistralhaufenmächtig walten
Wolkenformen Quisquilien,
Quellen Küsse für den Neumond
freigezogen blauer Weite.

Hugins Heimkehr

Unvordenklich Munin führte
spornsstreichs seine Feder.
Mutual erkoren Fixstern
blendet klare Sicht.
Farbenfroher Lebenssatz
reichlicher Besetzung
reduziert zur One-Man-Show
reflektorisch Richtens
bis die Welt vergessen ist.
Hugin spreizt die Federn,
krächzt in hohem Schau-her-Ton,
einsam Stern verglüht,
niemand ist noch mehr als Fickstern.

Besessen

Mein Nixchen nistet gramesbang
im Kortex sich präfrontal ein,
gelagert Akten deines Worts
es hudert, kuschelt sich hinein.

Gut aufgestellt den Nobelkragen
tritt es fast wichslos auf dich zu,
das Negligé strahlt hyalin,
verdeckt notabel Prunk die Neer.

In romantischer Nonchalance
beginnt Novellenabgesang.
Oh Narretei Besitz hinfort!
Nur fesselfrei Liebe gedeiht.

FREI SEIN

Wir geh'n zusammen unsren Weg
ein jeder eigens Stück
und wenn's die gleiche Richtung ist
nur zufälliges Glück.

An jedem Tag entscheid ich mich
aufs Neue bleib ich hier.
Wird meine Sehnsucht einsam treu
sein glücklicher bei dir?

Werd andre Männer lieben heiß
und innig auch mit Herz.
Mein Leben ist ein Ponyhof,
doch ohne dich wär's Schmerz.

WEIDENWECHSEL

Wurzelnarr. Weil Blüten lügen,
aneinand' erwachsen wir.
Wenn wir beide grünen wollen,
Stoff erstickt fern des Geästs.

Werfen andre Weiden Kronen,
kreuzend lagern altes Holz,
rollen unsre Innenäpfel,
geht gar schlecht, sind wir befreit.

Einfach Bäume, niemals häusig,
unbedingt in der Natur,
tragen Ringe in der Aue,
atmen flirtend uns'ren Duft.

HUNDETUGEND

Da ist sie, deine Mädchenfrage:
„Wie hältst du's mit der Treue? Sprich!" –
„Die Wahrheit sprechen und dran glauben,
dass morgen mein Wort Gleiches meint,
bestimmt erst meinen Daseinswert.
Bereichert Vielfalt Lebenssinne,
so küss ich Männer nach Gefühl.
Mein Triebstand zeigt mir stets aufs Neue,
dass du mir noch der liebste bist.
Drum nenn mich niemals hyperlinkisch:
vernetzt wie ein Giraffenfell
komm ich zurück und leg Bericht ab
in sich're Arme Ruhepol."

NIEANDERSTAL

Schau sie an, die ewig Gleichen.
Exklusiv konservennah
stapeln sie die Einheitsdosen
zum Zaun ihres Nieanderstals.

Bleibt Besitz unangetastet,
nennen Wirtschaft sie Romantik.
Passt kein Mehl der Alltagsmühle
zwischen sie, doch Liebe dämpft's.

Aus der Stille kommt kein Echo.
Haben Träume, fantasieren,
dass so vieles möglich sei.
Doch man macht's schon immer so.

Kreiseln in dem Rund selbander,
ändert Ort sich, bleibt's doch gleich
bilden ihren eignen Wahnsinn
stürzen spänespritz hinab.

ERDGEFLECHT

Die Welt führt eine reifpolierte Kugel.
Das meint, ich eck nicht an und für sich klar,
muss ich mich nicht erklären, keine Not nicht,
bin notenlos gelöst, in Knoten genug
begabt ein tröstlich Netz um sie zu legen,
das Manier unvertagt sie tragen kann.
Befreit behaftet mit mangelndem Konsens
der selbsterdachten Werte unentrinnbar
dem Werbefluss entzogen, Seil umwoben,
leb ich im Einklang meiner Schlaufe Hang.

MATTEFFEKT

Geländerfreies Gummikraxeln,
gesagt, getan, ein Augenblick.
Schon stehst du deine Boulder-Folter,
ich zieh mich, drück mich, noch ein Stück.
Dein Monospiel die Miniatur,
im Rahmen meiner Möglichkeit
streu ich mir lieber Fantasie
zu einem neuen Liebesbild.
Und wenn den Gipfel ich erreich,
fällt alter Glitter sockelwärts.

MITLIEBE

Liebt sie neben ihm noch and're,
scheint kein Stern aufs ständig Selbst:
Los des Neides, Herrschaftsniete.
Jede Fügung wählt gleich Wert
voll der Freude, sich zu formen.

Fraternisiert off'ne Fabeln
haften nicht für ihre Kinder.
Unausbedingt leben sie lang.

SECHS HERZEN

Sie liebt mit all ihren Herzen:
sich selbst mit sechs und dich mit fünf.
Diesen and'ren auch mit fünf, doch
manchmal noch mehr oder beide
mit vier, oder drei und sechsen.
Ehrlich und verbindlich, ganz gleich,
ob du widerliebst und wenn ja, wen.

LIEBESTAT

Ich möcht dir alles sagen können,
ich möcht es dir erklären
mit Wörtern, die du nie gehört hast.
Das Lexikonbedürfnis ist ein mind'res Laster,
wenn erst die Gründe schillern.
Als Lebensdrohung just begann Verstehen aufzufressen,
war keiner von uns dabei.
Weil ich nur sagte, dass ich liebe
und als du fragtest, warum
war es die Liebe, weil du bist
wie ich
gern wäre.
Darum nenn ich dir Gründe
des Denkens wie des Fühlens zu ihm
und handle treutriadisch in der Liebe.

Auf Tuchfühlung

Geliebte, unerhört, dich gibt's!
Bist ebenso betucht wie ich.
Ich werf dir Sehnsuchtsblicke zu,
verfallen wählt ich dich für mich.

Ohrfeige war ich nie, saugeil
trifft eher zu, im Vollmondlicht
in meinem Kopf, bist du mir gleich,
dein irdisch Himmel spiegelt sich.

Momente geh'n zu Kosten bang
erprobter tausend Küsse Bild.
Ich lieb und lieb, doch ich erlang
noch immer kein Gefühl für dich.

Weil blind ich bin, versteh ich dich,
vertraue deinem Schutz. So frei
mein Herz, es schlägt in dir. Du schweigst
wie ich, liebst du's in dir zu sein.

VIELE FÜR IMMER

Ich war ihr nah, nun neige ich
die Nase deinem Hals.
Der Stand von eben ruht nun flach
in meinem Bett aus Pelz.

Entgegen der Erwartung bin
ich treu wie dir auch ihr,
teil Werte liebeshöffig ich
konzinen Freunden mit.

Drum wisst ihr, wo ich morgen bin
und dass ich euch stets bleib.
Als Panazee ist Vielfalt Pflicht
erlebter Ewigkeit.

UNS GLEICH

Lippentasten aus der Laune
Mögenlächelns Klaviatur.
Messerblicke woll'n uns teilen,
eines geilen Manns, wie du.

Wenn Renntitten Cotton stopfen,
schwänz ich meine eig'ne Mitte.
Zungen raten angelegt
ihren Zinssatz für den Morgen.

Friedung in dem Arm der and'ren
samtweich Einklang hüllt uns ein
und das Orchester der Männer
schweigt in uns'rem Liebesspiel.

KUNSTKENNER

Was du niemals lasest, kannst du bestens werten –
positiv verrissen, negativ gefeiert –
denn du kennst die Härte eines Künstlerlebens.
Kunsterleben darf nicht stehen, muss uns sagen.

Lattenalarm im Haus schweigender Saugmünder.
Missverstanden wie ein Maulwurf fühltest du dich
massig Male, provozierst für jede Zeile,
sprengst die Grenzen des Geschmacks. Zurückgelacht.

QUER GELEBT

Du leimst die Zeit an meinen Geist
in Monetärmanier gedacht.
Den Cleverkleber zieh ich ab,
den nascht mein Eigensinn so gern.

Was kotzengrob und kreuzklar baust,
marmorisiert das Einerlei,
schieß mir 'nen Bär' auf meine Binde,
und flieh dreiäugig aus der Welt.

ÄSTHETIK

Ernst zu nehmen ist nicht ehrlich,
wenn ihr Strahlen dich versteift,
webt des Satzes Schönheit Schlieren
seiner Silben, rein kosmetisch
pudert Optik Glanz im Schweiße.

Honig um den Arsch geschmiert,
Blütenmilch dem Haar entmolken:
zugerichtet schallt die Stimme
stolz, ihr Werk unrechterkannt
achtest du nur äuß're Muse,
ächtet sie dein' Kunstverstand.

BOSSCOP

Strobosscopgirl, du berauschst mich,
lächelst mir in Mund und Hoden
niemals nüchtern, haftungslose
Schwebe deiner Lobesstrafe.
Ist's schon spät, die Nacht erdacht ich,
zieh den Morgen mit dir – aus.
Bringst mich noch zur nächsten Kreuzung,
stellst mich gleich hier um die Ecke.
Nun kannst du mich nur erküssen
aus dem Berg von deinen Kissen.

MAYBEKLAPPE

Spontan hast du Bock, was trinken zu geh'n,
Profil und die Fotos unglaublich schön,
gleich verliebt, hast zwar gar nix zu sagen,
da sie schweigt, kompensierst du durch Fragen.
Sie hat fast dreihundert Freunde online,
keiner kennt sie, anonym, kann das sein?
Lebenserfahren ist sie sexuell,
packt dich am Schopf, schaltet wirklich schnell.
Berührender Kuss: nächste Etappe
und schon bist du durch die Maybeklappe.
Mit Gin Tonic romanisierst du Glück,
nüchtern schickst du Mails gefaked wie gefickt.

ONE NIGHT STAND

Sie stapelt monochrom gefächert
die vorschwer frech verschworene,
irokesenverbundete Kachexie
in geistigen Zahlen kunstbegabt.

Im Trakeltrott zum Thementag:
ja, dort hat sie dich klargedacht.

Minutengetakteter kalter Ausgang
dir, eingangsfixiertem Tritthinein,
der Kreuze dreht mit seinen Daumen
disastertröge um den Block
ihrer gefalteten Intimmemoiren
für das Grab totgestoß'ner Begier.

Lieblicher Ort Locus amoenus

Meine Triebe kennen Grenzen,
Mimimi Mal ausgestellt,
nur bei Eloquenzgefallen
mustergültig ausgeseh'n.
Treffen Lebensqualizerong
und erlesen Geist zusammen,
wurzeln ohne Überschuss
scharfe Bilder eines Menschen.

ZURÜCKWEISUNG

Ein Treffen und schon küsst er mich.
So was von nicht mein Typ:
der Schopf zu blond, der Bauch zu schmer,
doch offen sein Gemüt.

Nun stoß ich schroff ihn fort von hier,
die Hand die Wange schellt.
Oh Schreck – halt an! Ich greif ihn mir
und knutsch ihn stundenlang.

VERSCHWIEGEN

Ich habe mich verschwiegen
in Umfang und im Ton,
drum konnt'st du mich nicht hören.
Gelangt Information,
die ich niemals gemeint hab,
in deine Ohren nun.

PSYCHADELISCH

In Juchten knicken Buchskulpturen,
sie unterwandern ineinander.
So schleckt sie stabig Teiggekleck're,
im Schneebesen verhangen blutet
ihr Feuer nicht aus. Keine Rose
rot oder Pixel in RGB
im Strudel ihres Chromophylsamts.
Gerade angekommen in Reibstand
beklommen um die Burg zu bauen
aus chinacridonen Covern gestapelt.

REGEL(GE)RECHT

Beziehung ist ein Wandelknoten,
der seitlich meiner Schleife sitzt,
gar tief ist er mir eingeschrieben,
führt Listen auf dem Kardial.
Unbilde mimt Gesellschaftsreg'lung,
sie insistiert mir den Verstand
des fünften Punkts auf Seite sieben,
verfolgt von einem langen Satz
perhorresziert sie schnellen Schrittes,
die Eindrucksknöpfe aufgenäht.

Voll genommen

Lügend lüstern seine Augen,
blicken humoreske Reste,
wenn sich seiner Texte Stau –
Enden baunig staunend plustern.

Pünktlich ausgeredet, treff ich
mein Leidwesen auf ein Leit – zwei
Genus Verbi – aktiv trinkend
zeitigt die Triade, er folgt.

STUNDENSCHWER

Zeit türmt sich, in dem Sonnenstrahl
hoch oben treibt sie Trickskilauf,
greift Stunden bildlich pro Sekund,
was taugt die Zeichnung uns davon?

Imponderabilien verschluckt
in Zentnerschwere wägt der Mensch.
Die raue Linie arrogant
gekräuselt wirkt, vertraut doch sich.

SECOND HAND

In einer neuen Partnerschaft
begegnen wir uns nur
der Liebessprache mächtig zwar
als leeres Pergament.

Wenn Tinte trocknet, ist gesetzt
Erlebnis als gemein,
erst unter Tageslicht wird klar:
Wir sind nur Palimpsest.

Allosem schaut aus dem Fenster
Held des Sich-Fest-Aufenthalts
bleibt's im Rahmen sichtend.
Sem, nie kahl, sich kleidet nude.
„Lauf, lauf, fall nicht aus der
Suppe deines Japans ein",
stürzt Idee sich weltwärts und
bleibt genudelt Jalousie.

LEBENSBELOGEN

Wortlos mordet er, verhalten
Therapie hilft schneller, höher,...
Keinesfalls, wird er ihr bleiben,
der erinnert Wonnezonen.
Wohnkomm fort für immer, lässt sie
ihren Polystromgeist kreisen
in Manegen legt sie klusiv:
ext die Akte ihres Lebens.

ANNOTATION

Schon thront unsre Freundschaft
in dem Lehnstuhl deines Sterbeetats,
hat sich rein gelogen
bis zur Weste Jungfernweiß Zerfallen.

Ausgesüßt dein Antlitz
schweigt im ambig Tränentabuzwange,
noch verlaufen Adlersaugen
sich in nasal lächelnd Arglist.

Deine Hände avancieren
dein Gedankengut geschlossen,
ihr Augurenlächeln zwitschert
fort und äugelt meines Schaffens.

TEILZEITGHOSTING

Leg dich auf meine Landingpage:
Fest gebucht - fürbass seines Schweigens.
Wieder geklickt und drückt zurück,
schlägt in mir zarte Saiten zu
flacher Atmung, aktuell Hier
arsch ist, ich ist, bin zu viel
Einsamkeit für mich allein.
Knotterknapp gehalten, klick.

Kummerkrusten intrinsisch, durch
dringen Tränen unter mein Wesen,
spült Gefühle oberflächlich
nebulös berusten Blicks.

Digital Detox? Kann ich. Doch.
Schaff tatsächlich täglich sechzig
halbe Minuten ohne Feed.
Keine News sind keine
News sind keine Liebe.

ABSCHIED

Freitag Abend auf dem Flugplatz
sirren in mir Emotionen
wie ein irrer Sommerbrummer
an das Fensterscheibenglas.
Prall um Prall dringt nichts nach draußen,
Eisschmelzzeit bleibt unsichtbar,
wie ich fröstle in der Decke
meiner inn'ren Einsamkeit.

ENT-TÄUSCHT

Tränen sind die stummen Schreie
einer eng geword'nen Kehle,
wenn in ihnen nie ertrunken,
spei'n sie Faltenwurf zerronnen,
schluckt der Emotionen Worte.

Wie die Schläge fixer Fäuste
krampfen, fleuchen fort von Lüge
schmerzhaft an den eignen Gliedern,
zündet deine Haut in Bläue,
Blutung stoppt in inn'ren Flecken.

FÜR DIE GESTOHLENE NATION

Verfütter deinen Faulheitsflow
im Schlag artiger Augenblicke.
Du bist an deiner selbst vergangen
im Fischglas freiheitsflüchtlingsfremd.

Auf geht's, setz gleich den ersten Satz,
annähernd nährt sich wohlerzogen,
geschenkter Groove in Wimperngischt
fängt stieres Satzmeer an zu wogen.

AM MORGEN DANACH

Hey du, Hedonismus lebt
mich mit Freuden diese Nacht.
Sonnencreme und schaler Sekt
loungen unter meiner Haut,
schmecken nach den stillen Bässen,
barrierefrei ins Hirn gedrückt.
Unvermittelt dringt ein Würgen,
zitternd press ich Leere aus,
kriech zurück ins Karussell,
geb mich Schlafeswunsche hin.

MUSENSTIMMUNG

Dem Mustopf entstieg'ne Muse:
Mirabellenduft entkommen,
missgestimmt, hopfengelüpfet
murrt den inn'ren Kater an.

Bibliotheksbewundernd harrt sie
schicksalsaufgeschlag'ner Seiten,
fordert, „Geh, schöpf tiefer", greifend
mit der Hand ins Bonbonglas.

WURMFLUCHT

Nach dem schaurigen Regenguss
kriechen der Stadt Krampfadern
auf gewundenen Beinen davon und
umkrümmen liegengebliebene Kirschflecken.
Wie eine Poletänzerin an der Stange
strecken sie sich auf dem Lichtbild
mit ihrem Hydrochignon am Körper
empor in den beräderten Tod.